VLM PRESS

Como Comprar
A Casa dos Seus Sonhos

Como Comprar A Casa dos Seus Sonhos

Um guia prático para quem quer com sucesso
comprar um imóvel nos Estados Unidos

Lucio Santana

Jaime Zimmer

Rickson Amorim

Odijas Caminha

VLM Press
Deerfield Beach FL USA
2018

Como Comprar
A Casa dos Seus Sonhos

Um guia prático para quem quer com sucesso
comprar um imóvel nos Estados Unidos

by Lucio Santana

Jaime Zimmer - Rickson Amorim - Paulo Garcia - Odijas Caminha

Primeira Edição Fevereiro de 2018

ISBN 13: 978-0-9989457-2-9

Uma produção conjunta de:
Lucio Santana - Jaime Zimmer - Rickson Amorim - Odijas Caminha

Published in USA by

VLM Press, Deerfield Beach, FL USA

(www.vlmpress.com)

Para volumes adicionais por gentileza fazer seus pedidos online. Temos descontos especiais para quantidades. Veja suas opções em nossa página: vlmpress.com

Um livro com a qualidade VLM Press

Revisão de Texto

Christiany Rebelo - Edivaldo Fontes - Milton Abreu

Capa e Projeto Gráfico

VLM Designs

Foto da Capa por

Piksel/123RF - Image ID : 55952008

Imagem interna por

Booblgum/123RF Ilustration ID: 54921404

Publisher e Editor Chefe

Edivaldo A Fontes

Edição e impressão nos Estados Unidos da América do Norte
por VLM Press LLC - vlmpress.com

À minha amada esposa Thaisa, por toda
paciência, compreensão, carinho e amor.
Para Victoria e Giulia, a parte mais bonita
do meu mundo.
Dedico também à minha mãe Rosemeire
Danielli, com todo o meu amor e gratidão.

Lucio Santana

Agradecimentos

Agradeço a Deus por sua bondade e fidelidade para comigo.

À minha família pelos anos de apoio, paciência e ajuda.

Aos colaboradores Jaime Zimmer, Rickson Amorim, Paulo Garcia e Odijas Caminha, cuja dedicação foi essencial à composição de temas tão importantes.

Ao Milton Abreu por acreditar na possibilidade deste livro.

À minha equipe, sem a qual meu trabalho não poderia ser realizado com sucesso.

"Possuir uma casa é uma pedra angular da riqueza - tanto a riqueza financeira como a segurança emocional."

Suze Orman.

Informação aos leitores

As leis e os índices econômicos mudam constantemente. Todo esforço tem sido feito no sentido de manter este livro o mais atual possível e de acordo com as regulamentações vigentes na data de sua publicação. Por esta razão, os autores, a editora VLM Press e distribuidores deste livro não oferecem nenhuma garantia relativa ao uso das informações nele contidas nem se responsabiliza por quaisquer decisões tomadas sem o necessário e devido acompanhamento de um profissional especializado no assunto, um Realtor®, Contador, Agente Financeiro ou representante legal.

A Royal Mortgage USA se coloca à disposição dos leitores que desejarem obter mais informações através de nosso e-mail de contato: royal@royalmortgageusa.com ou diretamente no endereço abaixo:

Royal Mortgage USA Corp.

1130 S. Powerline Rd. Ste 104

Deerfield Beach, FL 33442

Phone: (954) 449-7407

Fax: (954) 419-1099

Sumário

Apresentação

Em junho de 2017 após um rápido processo de financiamento compramos nosso imóvel. O financiamento foi concluído em tempo recorde. Tudo correu tranquilamente, dentro do prazo que precisávamos para mudar para nossa casa nova. Foi a quinta vez que compramos um imóvel nos Estados Unidos e a primeira vez que financiamos através da Royal Mortgage USA.

Enquanto falávamos sobre os aspectos positivos do processo, discutimos também sobre as dificuldades comuns enfrentadas na compra de um imóvel. Após uma boa conversa, chegamos a conclusão de que há, entre os brasileiros que buscam adquirir uma propriedade nos Estados Unidos, uma necessidade de melhor conhecimento do processo e dos regulamentos que regem a aquisição de imóveis no país.

Assim surgiu a ideia de produzir um material que servisse como um guia passo a passo, em português, que ao mesmo tempo esclarecesse e simplificasse esta experiência. Algumas questões foram levantadas, como os aspectos emocionais, financeiros e fiscais. Quais as vantagens de adquirir um imóvel? Quais os benefícios fiscais e porque investir no mercado neste momento?

Para responder a estas e outras perguntas frequentes, o projeto ganhou nova dimensão, sendo complementado com informações precisas e coerentes com a realidade do país. Lúcio Santana, com mais de 10 anos de experiência no mercado teve a brilhante ideia de convidar profissionais qualificados e experientes em suas áreas de atuação, o que tornou possível a criação desta obra.

A inclusão de Jaime Zimmer, Rickson Amorim, Paulo Garcia e Odijas Caminha, profissionais atuantes e de excelente reputação pelo ótimo serviço oferecido no Sul da Flórida, trouxe a substância e o complemento necessário para que se tornasse um trabalho com a qualidade de informação que responderia as questões em pauta com segurança e profissionalismo.

É com grande orgulho que, em nome da VLM Press, a editora dos brasileiros nos Estados Unidos, apresento ao público *"Como Comprar A Casa dos Seus Sonhos"*. Um livro com informações essenciais para conduzi-lo ao sucesso de um investimento imobiliário promissor. Nele são feitas análises de mercado, tendências, valorização, oportunidades de compra, aspectos do mercado imobiliário, detalhes financeiros que envolvem desde a preparação de documentos, reservas para depósito, custos de encerramento, como escolher um imóvel, dicas de negociação, os riscos envolvidos e as vantagens de investir.

O manual de investimento imobiliário que estava faltando, agora disponível para você.

Edivaldo A Fontes

CEO e Fundador

VLM Press – Estados Unidos – Fevereiro de 2018.

Introdução

Bem-vindo ao manual para compra de um imóvel nos Estados Unidos. Seu interesse em investir no mercado imobiliário agora conta com um manual preparado especialmente para você. Neste guia passo a passo você aprende as grandes e importantes razões pelas quais precisa entrar no mercado imobiliário de forma segura e como se qualificar para a compra de uma propriedade.

O ambiente econômico continua a ser favorável aos mercados habitacionais e hipotecários. Desde 2013 temos acompanhado um crescimento econômico moderado oscilando na casa de dois por cento ao ano até 2016 e acima de 3% a partir do segundo quadrimestre de 2017 de acordo com o US Bureau of Economics, um crescimento sólido no mercado de trabalho e baixas taxas de juros para o financiamento de imóveis.

O produto interno bruto expandiu-se a uma taxa anual de 3,3 por cento no último trimestre de 2017 também impulsionado por uma recuperação do investimento governamental, segundo o Departamento de Comércio em sua segunda estimativa do PIB no dia 27 de novembro de 2017.

Esse foi o ritmo mais acelerado desde o terceiro trimestre de 2014 e uma recuperação da taxa de 3,1% do segundo trimestre. Anteriormente o crescimento econômico reportava um crescimento em um ritmo de 3,0 por cento no período de julho a setembro de 2017. Foi a primeira vez desde 2014 que a economia teve crescimento de 3 por cento ou mais por dois trimestres seguidos[1].

PIB Real - Variação percentual do trimestre anterior

U.S. Bureau of Economic Analiysis   Seasonally adjusted annual rates
Fontes: U.S. Bureau of Economics - US Department of Commerce - http://bit.ly/2BmB7S

Esta condição, segundo nossas pesquisas e as tendências atuais, apontam para um ciclo de crescimento modesto, porém estável a partir deste ano (2018). As previsões para os próximos anos são otimistas tanto para investidores quanto para quem quer comprar seu primeiro imóvel.

Embora os preços dos imóveis tenham subido em 2017, alguns especialistas apontam para um crescimento médio de 4% apenas em 2018. Portanto, para você que está comprando um imóvel e não quer ser atropelado por preços elevados, o momento de começar é agora.

Este livro tem por objetivo esclarecer alguns dos pontos mais importantes acerca da aquisição de imóveis nos Estados Unidos e ajudá-lo a responder perguntas como estas:

- *Comprar ou apenas alugar?*

- *Estamos vivendo outra bolha?*

- *Quais as tendências para o mercado imobiliário nos próximos anos?*

- *Como me preparar para comprar um imóvel?*

- *Quais os requerimentos e documentação necessária para conseguir um financiamento?*

---

1. http://reut.rs/2i2eW0c

- *Como determinar quanto posso pagar?*
- *Como escolher o imóvel certo?*
- *Como encontrar a casa dos meus sonhos?*
- *Como fazer uma oferta de compra?*
- *Quais os cuidados que eu preciso ter para que minha compra seja bem-sucedida?*

Além das respostas para estas perguntas, você vai encontrar três tópicos extras que foram incluídos neste livro. Para ajudá-lo a se preparar mentalmente para esta jornada, leia o excelente trabalho do Coach de Empresários Jaime Zimmer nos capítulos 6 a 9. No capítulo 10, Rickson Amorim e Paulo Garcia apresentam de forma sucinta "Os 10 pilares da educação financeira", no qual você descobre os elementos que o colocam em posição privilegiada para avançar na sua jornada em direção à compra de seu imóvel.

No capítulo 11, Odijas Caminha nos brinda com seu conhecimento e experiência trazendo um tópico que não poderia faltar neste manual, "Questões fiscais a considerar antes de comprar uma propriedade nos Estados Unidos."

Todo processo de compra de imóveis é diferente, porém os elementos básicos não mudam. As informações contidas neste livro são essenciais tanto para quem está comprando um imóvel residencial pela primeira vez, quanto para o investidor que deseja expandir seu portfólio.

Parte I

Análise do Mercado Imobiliário

Capítulo 1

Comprar um imóvel é um bom investimento?

A sabedoria comum tem apontado para a compra de um imóvel como um investimento, mas para muitos na última década, essa compra acabou se traduzindo em um fiasco financeiro. Apesar disso, pode-se considerar ainda um bom investimento. Mas use de prudência, pois não é como um passeio no parque.

Existem muitos aspectos que devem ser conhecidos na hora de negociar. Conhecer os elementos que compõem este investimento é de suprema importância. Desde os mais simples e óbvios detalhes até aos mais complexos devem ser conhecidos e colocados na balança na hora de decidir que propriedade comprar, qual o valor máximo e mais importante ainda, onde comprar. Não é novidade, mas vale a pena lembrar que as três regras de ouro para a compra de um imóvel são: localização, localização e localização.

A pergunta que tem surgido na cabeça da maioria dos compradores é: comprar ou alugar? Quais as vantagens de ser um "homeowner" (proprietário) em relação a apenas alugar? Antes de cavar mais fundo no assunto, deixe-me ressaltar algumas informações importantes que o ajudarão a decidir se comprar é um bom negócio. Para muitos tem sido o negócio de suas vidas, tanto pela aquisição do primeiro imóvel, onde pretendem morar, quanto para as que compraram como investimento.

Preços imobiliários, bolhas e a realidade

Desde o revés imobiliário que começou em 2007, os dados históricos dos preços dos imóveis, de acordo com a NAR - National Association of Realtors, apoiariam a crença de que os preços iriam aumentar sem parar. De acordo com os dados disponíveis no NAR, os preços médios dos imóveis de 1968 a 2004 tiveram um crescimento constante em média de 6,4% ao ano. Porém, o paraíso começou a dar sinais de declínio do crescimento a partir de 2005. Em julho do mesmo ano, o preço médio das casas de acordo com dados do CENSUS Bureau, era de US$ 229.200 porém, no ano seguinte aumentou apenas 4% para US$ 238.100 em julho de 2006.

[1]Segundo relatórios da NAR, em 2007 houve um magro aumento de 1%, para em seguida experimentar um declínio sem precedentes no mercado imobiliário, pois mesmo que em janeiro de 2007 os preços médios indicavam um aumento de 3,88%, só durou até o primeiro trimestre daquele ano, quando o preço médio da habitação começou a cair de 2007 até 2009. O preço médio caiu de US$ 246.200 em julho de 2007 para US$ 212.100 em julho de 2010 de acordo com dados do US Census Bureau.[2]

No primeiro semestre de 2010, os preços dos imóveis caíram para os níveis de 2004 em um mercado estagnado. O que, há décadas, parecia uma via única de lucros crescentes, de acordo com os dados da Standard and Poor's, caiu mais de 30% em apenas alguns anos. Na prática, os preços caíram muito mais aqui na Flórida, onde a queda média ficou em torno de 60%.

Dados divulgados pela Zillow.com, demonstraram que o valor médio da casa nos Estados Unidos em novembro de 2017 foi de US$ 203.400. Os valores dos domicílios dos Estados Unidos subiram 6,5% em relação ao

1. https://www.census.gov/. 2. http://bit.ly/2E1AcgI

ano anterior e a Zillow.com antecipa um crescimento de 3,0% em 2018. O preço médio do pé quadrado dos imóveis listados nos Estados Unidos em 2017 foi de US$ 140. No último trimestre de 2017, o preço de compra médio era de US$ 259.900, enquanto o preço médio de venda foi US$ 225.262. O preço médio de aluguel nos Estados Unidos foi de US$ 1.600.

Panorama do mercado de imóveis de 2018 a 2020

De acordo com um relatório da Gordon Collins[1], do ponto de vista do investidor, o mercado imobiliário dá sinais positivos para 2018. De um modo geral, a tendência natural de intenção de compra será enriquecida com o retorno ao mercado imobiliário do grupo de compradores após terem sofrido os danos da bolha ou bancarrota que os colocou em um exílio de crédito por pelo menos 7 anos.

Existem vários fatores que não podem ser ignorados na hora de decidir comprar um imóvel os quais apontam para o aumento dos preços das casas nos Estados Unidos a partir de 2018, dentre os quais destacamos os quatro mais relevantes:

• A escassez de mão de obra

• Aumento das taxas de juros dos financiamentos

• Os custos da madeira tendem a aumentar ainda mais

• Redução do inventário de imóveis disponíveis para revenda

O Departamento de Comércio relatou que no outono de 2017 as vendas dos imóveis novos foram aceleradas. As pessoas estão comprando e os preços estão aumentando na maioria dos principais mercados. Essas informações servem para ajudá-lo a decidir quando comprar, vender ou investir. Fique atento.

1. Fonte: http://bit.ly/2ABJk8K

Casas disponíveis no mercado - comprar ou vender em 2018?

O problema da escassez de habitação vem se formando há 7 anos e tem sido pior para a Califórnia desde 2017 por causa dos desastres causados pelos incêndios. A CNBC divulgou dia 31 de janeiro de 2018 que os pedidos de seguro para os incêndios de outubro no norte da Califórnia haviam chegado a US$ 11.8 bilhões, e os prejuízos incluíam destruição ou danos severos a mais de 30 mil casas e 4.300 empresas, conforme declaração do comissário de seguros, Dave Jones, se tornando a série de incêndios mais cara da história do estado. Os totais não incluem reivindicações de seguro relacionadas a deslizamentos de terras que enterraram casas e veículos em Montecito quando a chuva torrencial caiu nas encostas queimadas nos incêndios de dezembro de 2017.[1]

No entanto, com a crise vem oportunidade para pessoas qualificadas que estejam no mercado para investir em imóveis. Os compradores terão de ser criativos e bem informados para combinar expectativa de retorno e poder de compra com os elevados preços que estão sendo buscados para imóveis em todo o país.

As previsões para outros mercados são igualmente otimistas, no caso de Miami, Florida, a ideia de que os preços já se ajustaram para níveis normais está ainda longe de acontecer, pois o mercado de condomínios e casas na região do Condado de Miami Dade e Broward permaneceu estável, mas os preços das casas aumentaram 7% em 2017.

O preço médio de uma casa em Miami e região girou em torno de US$ 347.000 e os condomínios em média de US$ 190.000.

O Miami Realtors, Associação de Realtors de Miami divulgou em seus relatórios de outubro a dezembro de 2017 (Monthly Market Summary - Single Family Homes)[2],[3], que o número de listagens ativas de residências

---

1. CNBC - http://cnb.cx/2DVQ9Ek | 2. Miami Realtors - Out 2017 - http://bit. ly/2nE4kXH | 3. Nov 2017 - http://bit.ly/2DWIqG0

em Miami caiu 4,17% de outubro para dezembro de 2017 fechando o ano com inventário de 82.179 unidades disponíveis, 3.576 a menos do que em Outubro. A oferta de casas novas caiu 9,3% e as casas com valor abaixo de US$ 250.000 caíram severamente, não deixando dúvidas da existência de uma escassez de casas no mercado. O relatório detalhado do mês de dez/2017 revela queda do inventário de 2016 a 2017 de 7,1%. Veja neste link: http://bit.ly/2EA4lnx

O relatório EPIC United States Housing Report[1] apresenta previsões para 2018 até 2020, nele você descobrirá os mercados mais aquecidos, códigos postais, estatísticas e entenderá os principais fundamentos que estão direcionando os mercados imobiliários hoje.

Talvez você esteja se perguntando se existe possibilidade de queda expressiva dos preços novamente. Embora não seja o objetivo deste livro fazer previsões de mercado, sugerimos que se familiarize com estes relatórios, principalmente os divulgados pela Associação Nacional de Realtors e com as variações de preços nos mercados onde tem a intenção de comprar. Pesquise as publicações financeiras que apontam para as melhores cidades para se investir. Desta forma pode encontrar casas à venda com o potencial de investimento de alto retorno onde os preços tendem a aumentar pela demanda acelerada.

O que dizem os especialistas

As previsões de especialistas têm por base os grandes polos econômicos e se concentram em mercados como Los Angeles, San Diego e Nova York. Apesar do temor de outra bolha no mercado de imóveis, o cenário está favorável para quem quer comprar ou vender. O momento é interessante para investidores que têm uma boa base do mercado.

Por esta razão é muito importante que você faça um trabalho de pesquisa fundamentado em dados oficiais e com o acompanhamento de um Realtor®

---

1. EPIC - http://bit.ly/2DyteBU

experiente que esteja realmente interessado em ajudá-lo a encontrar o imóvel que se enquadra em suas necessidades, pelo melhor preço possível, e acima de tudo, na melhor localização disponível.

Em resumo, a maioria dos negócios imobiliários e os especialistas em investimentos no setor preveem um ponto de partida forte para o mercado de imóveis nos Estados Unidos em 2018 e uma tendência de permanecer assim por mais 5 anos. As previsões do Freddie Mac, por exemplo, apontam para uma elevação otimista de preço médio em torno de 5% para 2018.

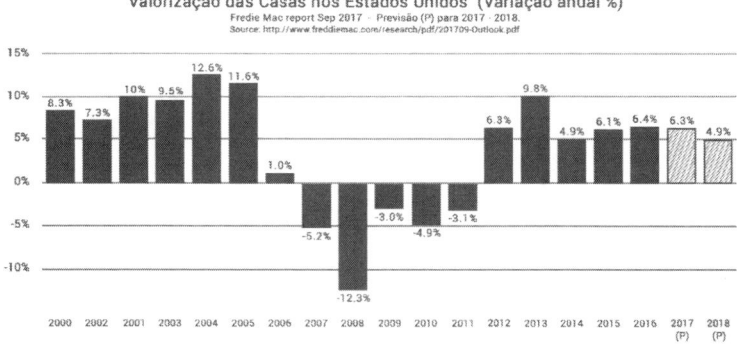

Capítulo 2

Comprar agora ou esperar?

E sta é uma decisão que só você pode tomar, e é preciso usar o bom senso para tomá-la. É de extrema importância conversar com seu agente financeiro, o qual está profissionalmente preparado para lhe orientar na hora de tomar esta decisão.

Familiarize-se mais com o mercado imobiliário, com os termos utilizados, processos de valorização e com o produto em si.

Esta publicação, embora possua muitas informações e gráficos que lhe darão uma perspectiva ampla da realidade do mercado, serve apenas como um guia do qual pode se utilizar para iniciar o processo da compra do seu imóvel, e para ajudá-lo a entender o mercado imobiliário daqui para frente.

Algumas localizações podem ter crescimento diferenciado de outras e continuar a crescer por mais tempo. De um modo geral, não se pode afirmar que estamos experimentando um novo ciclo de prolongados aumentos ou mesmo uma possível queda brusca como em 2007.

Alertas de especialistas de uma possível queda para regiões como Dallas, Miami, San Francisco, Denver, Seattle e Boston, não aconteceram. Os investidores conhecidos como house flippers continuam tendo bons retornos financeiros com suas propriedades.

O que causa uma bolha no mercado?

Como o preço de qualquer produto, bem ou serviço, o preço da habitação, em um mercado livre é regido pela lei da oferta e da procura. O aumento da demanda faz com que a oferta diminua, o que, por sua vez, força os preços para cima. A especulação de aumentos e valorização excessiva somado à injeção de capital no mercado pela facilidade de obter financiamento foi basicamente o que provocou a bolha no passado.

Estamos experimentado algo diferente no momento pois esta elevação de preços tem sido compatível com o mercado por vários fatores que veremos a seguir.

Assim como a elevação, a queda dos preços se dá naturalmente pelo aumento da oferta de imóveis novos, porém leva muito tempo para construir uma casa. Outro fator importante é que não há mais terra para novas construções nas regiões mais desenvolvidas, onde a procura é maior. Então, se houver um aumento súbito ou prolongado da demanda, os preços certamente aumentarão. Este é um movimento normal que provoca tanto alta como a queda de preços naturalmente.

Ao longo dos anos, o tamanho das casas nos Estados Unidos aumentou, o que somado à inflação, redunda em aumento dos preços. Mesmo antes da crise imobiliária do final dos anos 2000, os preços das propriedades caíram significativamente. Desde a primeira Guerra Mundial até os anos 80 tivemos muitas flutuações significativas nos preços dos imóveis. Além de tudo isso os fatores que influenciam nos valores são inventário nacional, tendências regionais e localização do imóvel.

Os preços variam de acordo com cada região e são diretamente dependentes do que acontece de extraordinário em determinada região. Uma cidade pacata que recebe uma grande indústria, por exemplo, se torna foco de procura acelerada, e pela falta de oferta, os preços são impulsionados para cima. Da mesma forma, se uma grande fábrica fecha ou se muda para outra região, automaticamente a oferta de imóveis aumenta, provocando uma queda brusca nos preços daquela região.

Por razões como estas, é que você precisa estar atento aos índices nacionais e principalmente regionais. Quais as influências e tendências para determinada região? Qual o índice de criminalidade? Que melhorias, progressos e desenvolvimentos estão acontecendo na cidade ou condado onde deseja comprar sua casa? As respostas para estas perguntas podem determinar a existência, possibilidade ou nulidade de uma bolha local, regional ou mesmo nacional.

A realidade em xeque

Considere os seguintes fatos importantes:

Primeiro: Seu investimento no setor imobiliário não se pagará até que você venda a propriedade. Portanto, mesmo que sua residência tenha duplicado de valor desde que a comprou, do ponto de vista prático, significa que seus impostos imobiliários também aumentaram. Todo o ganho que você experimentou é apenas um ganho em papel até que decida se desfazer da propriedade. Se optar por vender e esperar comprar outro imóvel na mesma área, lembre-se de que os preços dos outros imóveis também tiveram seus preços ajustados.

Segundo: Se desejar ganhar algo com a valorização terá que optar por comprar em outra área onde os preços sejam vantajosos para que tire proveito da valorização. Comprar na mesma área, cujos preços certamente acompanham o de sua propriedade atual, não representará nenhum ganho expressivo, exceto se você comprar uma casa que esteja em foreclosure[1] por um preço bem abaixo do mercado.

Mas quase sempre estas casas foram danificadas e precisam reparos que podem consumir tempo e dinheiro. Você pode considerar utilizar o lucro

1. Foreclosure = Encerramento - É a ação de tomar posse de uma propriedade financiada quando o proprietário não consegue mais manter seus pagamentos.

(Equity)[1] como uma linha de crédito, mas esta experiência já deu provas de que é uma estratégia arriscada em muitos casos. Os custos envolvidos mais os juros acabam consumindo parte significativa do seu lucro, além de colocar sua vida financeira em xeque.

Será que comprar um imóvel é um bom investimento?

Alguns especialistas dizem que sua casa (sua residência – não uma propriedade secundária) não pode ser considerada um investimento. Em qualquer circunstância, comprar um imóvel sempre vale a pena. Em primeiro lugar, considere a razão pela qual você está comprando. Se a resposta é "viver nele", então você precisa parar de pensar apenas em lucros e perdas.

Se a resposta for "ganhar dinheiro", então considere entrar na transação com uma estratégia de venda. Você precisa considerar o preço de compra da propriedade e ter um preço de venda em mente. Quando o mesmo for alcançado, venda como se fosse uma mercadoria. Mas como disse anteriormente, esta estratégia não se aplica à sua residência. Mesmo assim ainda é um excelente negócio. Veja algumas das mais importantes vantagens no capítulo 3.

---

1. Equity = É a diferença positiva entre o valor justo de mercado de um imóvel e o saldo devedor do financiamento (dívida) da propriedade.

Capítulo 3

O sonho americano e a propriedade

Quando você pensa nas diferenças e nos custos envolvidos talvez pense que ao alugar uma propriedade não tenha que se preocupar com manutenção, impostos, taxas de condomínios, reparos, etc. Não se deve comparar viver em uma casa ou apartamento alugado com viver em sua própria residência. Neste ponto, é difícil ignorar os fatos de que possuir sua casa traz vantagens sobre o aluguel.

A propriedade de um imóvel vem com vantagens financeiras que não estão disponíveis para locatários, como por exemplo, a utilização do equity como linha de crédito, entre outros benefícios que citaremos a seguir. Por desconhecê-los ou ignorá-los, muitas pessoas preferem continuar alugando.

Isso os expõem à situações desnecessariamente estressantes (incluindo coisas como reparos não controlados e aumentos constantes do aluguel), além de que estão sempre à mercê dos proprietários, que podem decidir vender a propriedade provocando mudanças não planejadas e custos adicionais para recomeçar um novo aluguel, forçando a mudar de área ou até mesmo de cidade.

A compra de imóveis está cada vez mais fácil com as opções de financiamento e programas de incentivo para a aquisição de uma residência principal pela primeira vez (first-time homebuyer program).

Se for considerar as dores de cabeça que tem ao alugar, e por esta razão achar que acaba ficando caro manter um imóvel, basta se lembrar de que, quem realmente paga as contas, custos de reparos, manutenção e o financiamento do imóvel alugado não é o proprietário, e sim "você" pois estes custos estão agregados ao valor do aluguel, lembrando que na maioria dos casos ainda deixa uma margem de lucro para o proprietário. Este lucro é seu, após ter comprado sua propriedade.

Vantagens de possuir um imóvel

As recompensas de comprar virão ao longo do tempo e não podem de forma alguma ser ignoradas. Conheça algumas das mais importantes:

1.   Controle da Propriedade – É seu imóvel, e por esta razão, você é quem determina o que fazer com ele, não precisa de permissão para pintá-la, instalar aparelhos modernos, remodelar a cozinha, trocar a unidade de ar condicionado, plantar sua árvore favorita, cultivar um jardim, etc.

2.   É uma recompensa pelo seu trabalho árduo. Ter seu imóvel lhe dá uma sensação de conquista pessoal.

3.   É uma espécie de poupança forçada que pode compensar ao longo do tempo.

4.   Ser o dono do imóvel onde reside vem com grandes benefícios financeiros:

- É um investimento onde você mora.

- É seu legado ou uma herança para sua família.

- Incentivos fiscais – influência positivamente na sua declaração de impostos.

- Os bancos e empresas de crédito lhe veem com bons olhos.

- Reverse Mortgage (O uso do equity como fundo de aposentadoria).

5.   Há uma grande variedade de programas e opções disponíveis para você comprar seu imóvel. A Royal Mortgage USA trabalha com programas diversificados que atendem desde aquele que está comprando sua primeira propriedade até investidores internacionais.

6.   Isso dá a sua família uma ótima oportunidade de constituir um patrimônio.

7.   Existem muitos incentivos e recursos financeiros que podem ajudá-lo a obter um empréstimo, como ajuda de custo de fechamento (closing costs) que podem ser obtidos através de negociação com o vendedor. Os bancos também oferecem incentivos com base no seu crédito. A Royal Mortgage USA pode lhe apontar as opções que se aplicam ao seu caso.

Por quê comprar um imóvel?

Dentre as principais razões para optar pela compra, destacamos os fatores que afetarão positivamente o mercado imobiliário no futuro próximo:

•   O valor dos imóveis estão em alta, o que significa um investimento seguro a longo prazo.

•   Os "milênios" ou geração Y estão em busca de casas para criar suas famílias.

•   Os aluguéis estão caros, são um excelente retorno de investimento para quem tem casa para alugar.

•   Comprar para reparar e vender (house flippers) ainda estão dando bons retornos financeiros.

•   Bens imóveis são menos arriscados quando comprados corretamente.

•   A economia dá sinais de estabilidade e crescimento.

•   Os estrangeiros incluindo os brasileiros, venezuelanos e os canadenses, estão ansiosos para comprar propriedades nos EUA.

- As pessoas que sofreram com a crise imobiliária estão voltando ao mercado após os 7 anos de exílio de crédito.

- Não há suficiente casas para atender a demanda, por isso uma queda de preços é pouco provável.

- O plano de redução de impostos do presidente Trump está acelerando a economia.

- Estamos vivendo um longo ciclo econômico positivo na América.

Embora não seja novidade, possuir um imóvel é um grande compromisso e requer de seu proprietário uma boa dose de trabalhos e responsabilidades pois há sempre algo para fazer. Esta é uma decisão inteligente que se refletirá a longo prazo. Por esta razão você precisa estar consciente do negócio no qual está entrando. É um compromisso sério, mas que tem muitas recompensas.

Parte II

O Aspecto Financeiro

da Compra de Imóveis

Capítulo 4

Como comprar seu imóvel

A té aqui buscamos de forma sucinta cobrir as bases do mercado imobiliário e os principais pontos que você precisava para tomar sua decisão quanto a compra do primeiro imóvel. A partir de agora, nosso foco vai ser nos passos críticos que culminarão com a aquisição de sua propriedade.

Possivelmente uma casa é a coisa mais cara que compraremos em nossa vida, e por esta razão precisaremos de financiamento. Inicialmente você precisa de um bom crédito, uma fonte de renda estável e uma reserva de dinheiro para o pagamento da entrada (down payment) e os custos de fechamento do contrato inicial (closing costs).

Normalmente, isso inclui um trabalho e um histórico de renda confiável que possa ser verificado por pelo menos dois anos de declaração de impostos. Este é um bom momento para que você compre sua casa pois as taxas de juros para financiamentos de 30 anos estão favoráveis.

Espera-se que as taxas de financiamento aumentem em 2018. A CoreLogic, um provedor de dados para o setor imobiliário, calculou seis previsões de taxas de juros para hipotecas, chegando a uma visão consensual de que os juros poderão chegar a 4,7% para financiamentos de 30 anos até dezembro de 2018.

Em fevereiro de 2018, esta taxa girou em torno de 4,22%.[1]

Mesmo assim, as taxas de juros[2] na maioria das vezes resistem as previsões, mas não tem nenhuma de queda, principalmente em uma economia em crescimento. Portanto esta é a hora de agir.

Não muitos anos atrás achava-se que as taxas de juros não poderiam subir, no entanto, já percebemos uma ligeira movimentação dos índices. Então, embora as taxas de juros por si só não sejam o único motivo para comprar uma propriedade, é melhor que esteja pronto.

Este capítulo será muito útil para ajudá-lo a colocar as coisas em ordem antes mesmo de falar com seu agente imobiliário e a Royal Mortgage USA. Você precisa agir rapidamente para tirar proveito das taxas de empréstimos disponíveis.

Requisitos financeiros para a aprovação

Embora os credores estejam cada vez mais dispostos a ampliar o crédito, os padrões para obter aprovação para uma hipoteca são altos. Com exceção dos programas de empréstimos do FHA (programa de financiamento do governo) e alguns outros tipos de empréstimos especiais, segue o que é preciso para aprovar seu financiamento com rapidez:

1. **Ter um bom crédito.** Nenhuma surpresa aqui. Quando se trata de obter um financiamento, sua pontuação de crédito é importante. Embora possa obter aprovação com uma pontuação na casa dos 580 pontos, uma pontuação de 720 ou superior lhe proporcionará as melhores taxas de juros o que e lhe permitirá economizar muito dinheiro ao longo de seu financiamento. Consulte seu crédito no CreditKarma.com (é grátis).

2. **Reserva de dinheiro para a entrada.** Já houve um tempo em que se comprava propriedades sem entrada com financiamento de 100%.

---

1. Juros para financiamentos de imóveis residenciais divulgados pelo Fredie Mac na primeira semana de Fevereiro de 2018 - http://www.freddiemac.com/pmms/ 2. Consulte o Bankrate. com para ter uma ideia das taxas de juros atuais. A Royal Mortgage USA com base em seu crédito e outros fatores pode determinar sua melhor a taxa de juros.

Na minha opinião, a maneira inteligente de comprar um imóvel é a maneira antiga: com pelo menos 20% de entrada.

Porém, programas como o FHA exigem apenas 3,5 por cento de entrada entre outros.

3. **Dinheiro disponível em sua conta.** Os bancos querem ver sua liquidez para comprar um imóvel e que ao fazer o down payment (parcela de entrada) você não vai ficar sem recursos para fazer seus pagamentos. Portanto, prepare-se para mostrar uma reserva em caixa depois que todos os custos de fechamento estiverem pagos.

4. **Uma fonte de renda ou emprego sólido.** Este é, seguido do seu crédito, o mais importante elemento para se obter um empréstimo. Quanto mais tempo você demonstrar em seu trabalho, melhor (mínimo de 2 anos de contracheque). Para autônomos e profissionais liberais existem programas que atendem sua necessidade, fale com a Royal Mortgage USA.

A maioria dos credores vai requerer pelo menos dois anos de declarações de imposto de renda e irá calcular seu rendimento como uma média desse período.

Documentação mínima necessária

Antes de se cadastrar para um financiamento você precisará apresentar os seguintes documentos:

Profissionais Liberais:

• Cópia do seu SSN – Seguro Social (Existem programas que não exigem o SSN).

• Cópia de sua Drivers License[1].

• 2 anos de imposto de renda pessoal e 2 anos da empresa.

• 2 meses de extrato bancário.

---

1. Drivers License - Carteira de motorista.

Pessoa Física:

- Cópia do seu SSN – Seguro Social (Existem programas que não exigem o SSN).

- Cópia de sua Drivers License.

- 2 meses de extrato bancário.

- Histórico dos 2 últimos anos de emprego.

- Cópias dos comprovantes de recebimento (pay stubs) nos últimos 30 dias. Estes devem ser atualizados durante o processo de aprovação.

- Copias dos formulários W-2[1] dos últimos dois anos.

---

1. O formulário W2 é o extrato anual de rendimentos para fins de imposto de renda.

Capítulo 5

Descubra o quanto pagar

A ntes mesmo de procurar um imóvel, você precisa ser pré-qualificado para saber até quanto pode comprar e pagar por seu novo empreendimento. É necessário uma Carta de Pré-qualificação, pois os proprietários se recusam a aceitar uma oferta sem esse documento. A **Royal Mortgage USA** não cobra para lhe fornecer uma. O papel da **Royal Mortgage USA** é auxiliá-lo na determinação do seu potencial de compra com base nas suas informações financeiras.

No site da **Royal Mortgage USA**[1] você encontra um simulador de empréstimos no qual pode fazer uma estimativa de valores de compra, parcela de abatimento de entrada e uma taxa de juros média para calcular quanto será seu pagamento mensal. Mas recomendamos que fale conosco e poderemos lhe dar uma estimativa mais próxima da realidade. Se você não conhece um bom corretor, poderemos recomendar um Realtor®[2] próximo de você.

Como encontrar o imóvel que você pode comprar

Neste livro você já aprendeu como comprar um imóvel nos Estados Unidos e conheceu os passos mais importantes do processo de qualificação,

---

1. Royalmortgageusa.com/calculators. 2. Realtor® - Corretor de imóveis membro da Associação Nacional de Realtors®.

busca e financiamento da propriedade dos seus sonhos.

A esta altura você está ciente do seu potencial de compra, de posse de sua carta de pré-aprovação, e pronto para comprar.

Orientamos aos interessados na compra de imóveis a participar de open houses[1] onde irão se familiarizar com o mercado e com as opções existentes, bem como com as vantagens e desvantagens de cada imóvel, localização e potencial de mercado. Também orientamos a criar uma lista das características que deseja encontrar em sua nova casa incluindo a faixa de preço, o número de quartos e banheiros, localização e escolas, fator imprescindível, se você tem ou pretende ter filhos.

1º. Passo - Busque orientação profissional.

Orientamos ao potencial comprador como encontrar um corretor com quem começará o processo de pesquisa de mercado tendo como base suas preferências preestabelecidas. Escolher o agente imobiliário correto pode ser a chave para encontrar a propriedade certa com chances de fechar um bom negócio. A **Royal Mortgage USA** possui em seu banco de dados profissionais especializados que poderão lhe ajudar em todo processo.

Por quê trabalhar com um corretor?

Escolher o agente imobiliário correto pode ser a chave para encontrar o imóvel certo e obter o melhor negócio. Mas afinal, o que é um Realtor® e o que pode fazer por você?

O Realtor® é um corretor de imóveis que é membro ativo da National Association of Realtors®, e eles podem ajudá-lo a comprar ou vender sua propriedade. A compra de uma propriedade é uma transação séria com importantes ramificações financeiras e emocionais para as partes envolvidas. Ter uma representação adequada é indispensável.

---

1. Open House - Propriedade listada para venda e aberta à visitação de potenciais compradores.

O que um Realtor® faz?

Em 2012, 89% dos compradores utilizaram um agente imobiliário, assim como 88% dos vendedores[1]. A representação do Realtor® durante uma transação imobiliária é importante para compradores e vendedores. Aqui estão seis, dos principais motivos:

1. O Realtor® assume um compromisso ético com o comprador. Você tem um especialista que cuidará do seu interesse e que é contratualmente obrigado a fazer tudo o que estiver ao seu alcance para protegê-lo. O Realtor® ajuda aos vendedores (quando contratado para uma venda) a proteger seu investimento e aos compradores a adquirir o deles.

2. Atualização dos regulamentos imobiliários. Comprar ou vender uma casa não é um processo simples. Cada lar é diferente, e as leis mudam a cada ano e variam de estado para estado. De um modo geral, as pessoas adquirem uma nova casa a cada 7-10 anos, e muito pode mudar de transação para transação.

3. Um Realtor® lhe ajuda a encontrar o imóvel certo. Pesquisar na internet é uma ótima maneira de começar (cerca de 90 por cento das pessoas começam sua pesquisa on-line). Mas quando chega a hora de comprar é necessário conhecer todos os prós e contras de uma propriedade. O Realtor® tem acesso a informações sobre imóveis que não estão disponíveis facilmente para o público.

4. Contratos e negociações. Após encontrar seu imóvel é quando começa o verdadeiro trabalho. O Realtor® está preparado para cuidar deste processo complexo. Ele irá ajudá-lo cuidando de toda a documentação referente ao processo de compra, desde a oferta até o fechamento.

5. Orientação na hora de fazer uma oferta. Além disso, quando se trata de negociação, o seu agente é como seu advogado e pode oferecer orientações específicas que o ajudarão a fazer uma oferta de compra atrativa para o imóvel que você escolheu.

1. Fonte: http://bit.ly/2xlx3rx

6. Compromisso Ético. Quando você trabalha com um Realtor®, está se associando a um profissional que opera de acordo com um código de ética rigoroso existente há mais de 100 anos. Esse Código de Ética do Realtor® garante que os consumidores que buscam a assistência de um sejam tratados profissional e eticamente em todos os assuntos relacionados às transações imobiliárias.

Segundo passo – A oferta

Agora que você já foi propriamente qualificado para a compra de sua casa, é o momento de sair em busca daquele imóvel que cabe em seu orçamento. A primeira coisa que podemos evidenciar são suas emoções. Mantenha seus sentimentos sob controle e seja o mais objetivo possível. Este controle emocional é uma ferramenta que lhe ajuda a economizar muito na hora de negociar. Uma oferta baseada nos fatos mais importantes como características da propriedade, localização, compartimentos, aparência, escolas, segurança, proximidade das vias de acesso principais, estação do corpo de bombeiros, delegacias de polícia, hospitais, shopping centers, etc.

Estes e outros elementos devem ser colocados como prioridade acima de qualquer empolgação. Muitos compradores acabam por pagar um preço alto por ignorarem estes elementos. A ansiedade é seu inimigo número um. A pressa na decisão pode colocar todo seu esforço em xeque, e no fim o que poderia ser uma experiência feliz acaba se tornando uma grande agonia.

Comprar uma casa pode ser uma experiência muito emocional, mas a negociação do preço não deve ser. A chave para economizar dinheiro nessa compra está em aderir a um plano específico de características e valores que jamais podem ser ignorados na hora de uma negociação. Seu agente imobiliário que o representa pode orientá-lo e oferecer conselhos, mas você é quem deve tomar a decisão final durante cada rodada de ofertas e contraofertas. Todos os vendedores querem o máximo pela sua casa, e você não pode se deixar levar por este sentimento de "se eu não pagar o que ele pede eu posso perder a casa".

Segue para sua orientação 7 ferramentas que o ajudarão na hora de negociar o melhor preço.

1. Demostre sua seriedade e que está capacitado para fazer negócios.

Como mencionamos antes, você precisa de uma Carta de pré-qualificação da Royal Mortgage USA, pois os proprietários não irão receber sua oferta sem uma. Normalmente os agentes financeiros ou bancos não cobram para lhe fornecer uma carta de pré-qualificação, mas podem cobrar uma taxa pequena pelo serviço. Alguns cobram pelo seu histórico de crédito apenas no fechamento. Por esta razão, encorajamos que pergunte.

Sua carta de pré-aprovação irá colocá-lo em posição privilegiada no pacote de ofertas quando os vendedores tiverem que tomar uma decisão. Eles procuram ofertas firmes pois não querem correr o risco de escolher algo que acabe caindo por falta de aprovação do banco por causa da qualificação do comprador.

2. Faça perguntas. Peça ao seu agente informações para lhe ajudar a entender a posição financeira e a motivação dos vendedores. Eles estão enfrentando uma bancarrota ou um short sale? Pergunte se eles já compraram outro imóvel ou já se mudaram, o que pode torná-los ansiosos para aceitar um preço mais baixo para evitar pagar duas hipotecas.

Quanto tempo a casa está no mercado? Em caso de ofertas, quantas estão na mesa de negociações? Em caso afirmativo, por que eles ainda não aceitaram uma das ofertas? Quanto mais respostas a estas e outras perguntas você tiver, mais poderá sentir a ansiedade e estado emocional dos vendedores, o que aumenta as chances deles aceitarem sua oferta.

3. Não ofereça tudo que pode pagar logo no início. Trabalhe de um modo que você possa fazer um novo lance. O valor final da sua oferta nunca deve ultrapassar sua carta de aprovação. Conheça antecipadamente

o máximo que você está disposto a pagar e, com seu agente, trabalhe novamente com esse número para determinar sua oferta inicial, o que pode dar o tom para toda a negociação. Uma oferta muito baixa pode ofender vendedores conectados emocionalmente com o valor da sua casa e um lance muito alto pode levá-lo a gastar mais do que o necessário para fechar a venda.

4. Trabalhe com o Realtor® na avaliação correta da casa. Um Realtor® experiente irá ajudá-lo a avaliar o quão motivado o vendedor está para fechar uma negociação. Se as emoções têm um papel, você deve jogar com as do vendedor, as suas, ficam no freezer nesta hora.

Peça ao seu agente que lhe dê todas as possíveis comparações de preços na área onde você está comprando e busque se utilizar dos valores mais próximos da data de sua compra. Outra dica é que as propriedades usadas como comparação, sejam as mais parecidas possível à que você está querendo comprar. Usando esse roteiro é possível economizar muito dinheiro.

5. Evite Pré-condições. Os vendedores não querem receber ofertas que estejam dependentes de outros fatores como vender uma casa antes ou receber um dinheiro de um negócio, etc. Mantenha sua oferta livre de pré-condições complicadas. Você precisa, porém, estar alertas as condições comuns de uma negociação de casa, como inspeções, avaliações, aprovações de condomínios, etc. Fale com seu corretor.

6. Não entregue seu ouro. Toda negociação envolve a possibilidade de ceder aqui e acolá. A cada concessão feita, peça outra em troca. Se os vendedores pedirem que você aumente seu preço, peça-lhes que contribuam para o fechamento (closing costs) ou pagar um por um reparo, seguro, etc. Espere a reação e procure deixar claro que está disposto a sair da negociação se eles não cederem também.

7. Não se deixe influenciar pela concorrência. Aquela casa ideal para

você pode ser também para outras pessoas. Elas atraem ofertas agressivas.
Mas não permita que a concorrência o impulsione a ofertar além do preço
anunciado, nem concorde com concessões perigosas, como ignorar uma
inspeção ou coisas que não representam seus interesses.

Terceiro passo: Avaliação e inspeção

A avaliação (apprasial) e a inspeção (inspection) de sua nova propriedade
são dois elementos indispensáveis, embora a inspeção em alguns casos possa
ser opcional. São de grande importância na determinação de uma compra
que não lhe trará dores de cabeça. Além de oferecer maior transparência
podem influenciar no preço do imóvel. Uma inspeção identifica problemas
estruturais, elétricos, equipamentos, sistema de ar condicionado ou de
encanamento existentes no imóvel e as possibilidades nas quais pode se tentar
renegociar o preço ou solicitar que o atual dono faça os reparos.

Tanto a inspeção como a avaliação requerem que um especialista
devidamente licenciado vá até a propriedade. Embora as vezes possam ser
confundidas como uma coisa só, a avaliação e a inspeção domiciliar são
tarefas realizadas por profissões diferentes e para fins diferentes.

Qual a diferença?

Avaliação – O objetivo principal de uma avaliação é determinar o que se
denomina valor de mercado. A visita do avaliador imobiliário pode ser melhor
referida como uma "passagem", em vez de uma inspeção propriamente dita.
Durante este rápido passeio, o avaliador busca descobrir pontos óbvios que
possam afetar o valor da casa. Conhecido como "walk-through" que também
serve para verificar as informações nos registros da propriedade (número de
quartos, endereço físico, etc.). É importante notar que a visita do avaliador
é apenas uma parte da avaliação da propriedade. O avaliador pesquisará as
vendas de imóveis semelhantes para compilar um relatório final sobre o valor
de mercado que será fornecido ao credor.

Inspeção – Trata-se de um processo mais detalhado e demorado que na visita de avaliação. Serve para determinar se há algo que precisa ser reparado ou substituído que possa interferir no valor da casa. O objetivo principal da inspeção é ajudar ao comprador a ter uma avaliação mais precisa do risco envolvido na compra. Alguns defeitos podem ser apenas cosméticos enquanto outros podem ser mais sérios, exigindo reparos dispendiosos. Em resumo a inspeção serve para proteger seu investimento contra armadilhas.

Parte III

O Preparo Mental para Investir em Imóveis

Capítulo 6

Os desafios da compra de seu primeiro imóvel

por **Jaime Zimmer -**
ETREPRENEUR COACH

Um imóvel não se compra por acaso. Prepare-se!

Parabéns pela sábia decisão de buscar informação antes de realizar a compra mais importante de sua vida. Sinto-me gratificado em poder colaborar com este material valiosíssimo que em muito influenciará suas decisões na hora de escolher que imóvel comprar.

A primeira compra basicamente é emocional e é preciso controle dos sentimentos para fazer as escolhas corretas evitando problemas posteriores.

A OK Forever é uma empresa que oferece treinamentos especiais para desenvolvimento humano e empresarial, e neste livro apresentamos alguns dos passos que fazem parte dos nossos treinamentos para controlar a ansiedade natural que ocorre durante o processo de compra de um imóvel.

O objetivo da OK Forever é ajudá-lo a tomar decisões acertadas pois assim você estará melhor preparado para negociar com segurança e vantagem competitiva.

Além de controle emocional, é fundamental ter disciplina e foco. A finalização satisfatória da negociação depende de vários fatores.

De tudo que tenho aprendido em muitos anos de acertos e erros é que ter um mapa em mente e seguir os passos claramente estabelecidos e bem direcionados é uma receita infalível para que você alcance a máxima performance possível.

O objetivo da Ok Forever é demonstrar algumas das ferramentas necessárias para uma negociação bem-sucedida. Leia este livro várias vezes, use e abuse de anotações, pois este é um verdadeiro guia para a compra de um imóvel com sucesso.

O que comprar x Por que comprar

O primeiro erro que as pessoas cometem ao buscar o imóvel dos sonhos é ir direto para o quê? Antes de passar pelo por quê?

Vamos pensar em alguns motivos para a compra de um imóvel.

Por que agora?

Você está disposto a investir tempo e dinheiro nesse projeto?

Qual é a sua motivação para realizar essa compra?

Quais são os seus objetivos? Seja específico.

Quais as opções que você está disposto a abrir mão e quais as que você considera primordiais.

A definição destas escolhas irão influenciar totalmente sua decisão de compra.

Por exemplo, o que você valoriza mais:

- Conforto ou segurança?
- Rentabilidade ou tamanho do imóvel?
- Tranquilidade ou vida social agitada?

A simples opção por uns ou outros pontos podem modificar muito sua busca pelo imóvel adequado.

Embora todos nós inconscientemente saibamos mais ou menos quais são nossos objetivos, poucos são aqueles que os colocam no papel e hierarquizam tudo isso de uma forma racional.

Existe um passo indispensável para conseguir o que se quer na vida. Saber o que se quer. Então a primeira coisa a fazer é colocar tudo no papel, em ordem de importância.

Aí sim, o seu por que comprar o imóvel estará bem definido com chances mínimas de desistência ou resultados insatisfatórios.

"Nada tem qualquer poder sobre mim além daquilo que permito por meio de meus pensamentos conscientes".

(Anthony Robbins)

É hora de ajustar as velas antes da partida

Assim como um navegante que se prepara para sair ao mar, precisamos determinar o nosso objetivo e organizar os passos de maneira clara ou iremos navegar sem destino e chegaremos onde não desejamos ou talvez nem chegaremos.

Os treinamentos oferecidos pela Ok Forever tomam por base pelo menos três passos importantes para uma clara e objetiva orientação quanto a tomada de decisões, os quais são:

Passo 1 - Visão clara do objetivo.

Passo 2 - Foco e Disciplina.

Passo 3 - Planejamento e Plano de Ação.

Capítulo 7

Passo I - Visão clara do objetivo

Neste caso, você precisa visualizar seu futuro imóvel.

D a mesma maneira que inventores e cientistas criam soluções antes nem sonhadas, um realizador traça seu destino primeiro na mente para depois começar a realizá-los.

Pratique a visualização de forma a vivenciar algo que irá se concretizar como se já existisse. Como você se vê no seu futuro imóvel.

Procure sentir-se dentro dele, visualize os detalhes como cor, tipo, tamanho, espaço interior e exterior, textura das paredes, localização dentro do terreno, iluminação indireta, forma etc. E assim poderá decidir se é isto o que você realmente quer.

Agora que sua mente já criou seu imóvel ideal, é hora de conversar com seu corretor. Busque casas listadas em sites como zillow.com, realtor. com etc., para ter uma ideia do que está disponível no mercado que possa se enquadrar no que visualizou. Com isso você estará criando mentalmente seu sonhado imóvel. O efeito da visualização específica é algo incrível e transformacional.

No momento de traçar sua visão de futuro, você ainda não precisará se preocupar em como chegará lá. Deixe o "como" para depois. Por agora, fique livre para imaginar como será a sua vida quando finalmente cumprir as suas metas e objetivos alinhados nos passos seguintes.

O que cada sexo valoriza na escolha e compra de um imóvel.

Ao procurar um imóvel, queremos paz, não é? Logo, se você não vai morar sozinho leve em consideração o que os outros precisam.

Se você esta procurando um imóvel para você a esposa ou família esteja ciente que as pessoas têm gostos e preferências bem distintas e o bom senso evidencia alguns pontos interessantes a serem levados em consideração que o poupará de muitos problemas e perda de tempo se discutidos antes da procura começar.

Divergências na compra de um imóvel poderão abrir discussões até sobre o relacionamento, logo é algo que deve ser encarado com seriedade.

Entre profissionais do mercado imobiliário não há dúvidas de que este é um assunto recorrente. Em minha experiência como Coach, tenho acompanhado vários casos que envolvem este tipo de discussão. Via de regra, homens e mulheres têm preferências bem diferentes. Junte a isso as crianças (se já existem ou estão nos planos futuros).

As mulheres não se deixam levar e só compram depois de analisar muito a opção. Preferem apartamentos ou casa com áreas interiores maiores para dar mais conforto aos filhos, observam os espaços de armazenagem e prestam atenção em tudo na hora da compra.

No caso da aquisição de casas, o quintal é um dos pontos polêmicos, pois a mulher pensa logo no trabalho que vai ter para limpar a área, enquanto o homem faz questão de um espaço maior, destinado ao lazer.

Quem decide?

Se você é homem, esteja preparado psicologicamente. Acredita-se que na maioria das vezes é a mulher quem decide a compra. Ressalto que apesar das diferenças, ambos consideram a localização e uma planta funcional para acomodar bem a família.

De forma geral, as mulheres ligam mais para o estado e para a beleza do imóvel. Elas podem simplesmente se encantar por uma unidade não tão bem localizada, por exemplo. Homens são mais analíticos, procuram o melhor preço e veem o potencial do imóvel, se é um bom investimento até se dispondo a reformá-lo se necessário.

A segurança para a família é importante para o homem. Avaliam o status que a casa ou prédio oferece. Quando um homem que tem uma companheira vai fazer uma avaliação, geralmente acaba voltando com ela, antes de fechar negócio.

Garagem, ambos não gostam de vaga muito apertada. Elas, porque vão precisar fazer muitas manobras e eles, pelo risco de arranhar o carro. Muitas mulheres se ligam muito mais no tamanho da cozinha do que no tamanho de quartos e closets, principalmente quando estão avaliando imóveis novos, em que o cômodo é menor do que em antigos.

Os homens acabam avaliando o espaço geral, pensando sempre numa sala ampla, para ver TV. Elas são mais atentas aos acabamentos como pintura, tipo de piso e de azulejo. Se os ambientes atendem ás necessidades da família, se é perto de escolas, farmácia, supermercados e lojas. Verificam se é prático e funcional, além disso, costumam ter a última palavra. Eles preferem se certificar de que elas vão gostar.

Em condomínios elas se importam com salão de festas, biblioteca, playground e eles se importam mais com a taxa de condomínio, churrasqueira, piscina e quadra poliesportiva. Em síntese elas escolhem o imóvel e eles fecham a compra!

Capítulo 8

Passo 2 - Foco e disciplina

"Se você persegue dois coelhos ao mesmo tempo não vai pegar
nenhum dos dois"

— *Provérbio Russo* —

Focar neste momento é ter "calma". Urgência é muito parecido com escassez e neste mercado isso é a bola da vez e se você não parar e pensar com sua consciência plena irá cair rapidamente na armadilha da pressa emocional, portanto vá se acostumando com isso!

Você está entrando em um assunto que irá exigir uma concentração excepcional para que se mantenha no plano e passe pelas tarefas necessárias.

Como manter o foco

A sugestão é que você coloque no papel aquilo que você visualizou no capítulo anterior. Munido de papel e caneta, você irá fazer da maneira antiga, tire da mente o que você quer e literalmente desenhe seu sonho, coloque corpo, detalhes. É a compra emocional!

Por mais que você busque o preço certo no mercado e a melhor negociação a sua mente irá levá-lo para o lado emocional, esteja preparado com detalhamento do que quer e foque nisso. Treine com você mesmo e deixe fluir diretamente os detalhes escolhidos. Abrirá conexões para manter o foco.

Mas como manter o foco?

1 - Comunique suas intenções. Converse com seus amigos sobre sua meta e busque ambientes que oferecem menos distrações.

Analise seu dia e os momentos mais apropriados para sua procura, é questão de parar e fazer o que tem que ser feito. Se você é do tipo que se distrai muito com as mensagens no celular, lê e-mails toda hora e não esquece a mídia social, se concentre, pois é hora de se responsabilizar por algo maior e deixar isso para depois da sua tarefa principal. Desligue as notificações automáticas.

Uma coisa que funciona para mim é ir a biblioteca pública e me desligar do "mundo" por algumas horas.

2 - Divida a meta em várias tarefas e faça listas. Fazer listas com as tarefas do dia ajuda a se concentrar de várias maneiras, pois você agora esta com a meta do imóvel o que aumenta suas responsabilidades diárias e um planejamento diário deixará claro quais são as tarefas mais importantes do dia.

Estabeleça as prioridades e mantenha o foco até que estejam terminadas. Trataremos disso com ferramenta própria no item ação, mais adiante.

3 - Divida tarefas grandes em partes menores. Desenvolva o hábito de "quebrar" o todo em partes menores. Com isso, você se concentra em tarefas menores e vai completando até chegar ao final. É muito mais fácil se concentrar em tarefas de 30 minutos do que tentar "atacar" algo gigantesco.

4 - Determine prazos para tudo. Lembre-se que uma meta ou tarefa sem prazo para concluir terá um risco enorme de não ser concluída ou deixar de ser interessante. É importante saber que terá que praticar antes de sentir os resultados. Uma das melhores maneiras de aumentar seu foco é agrupar suas possíveis distrações anotando a parte e colocá-las em "espera".

Você pode estabelecer horários de alta concentração, dê um tempo curto para uma pausa e volte. Pesquisas mostram que o ideal é trabalhar focado por não mais que 30 a 60 minutos e dar "paradas técnicas" à nossa mente de 5 a 10 minutos, antes de voltar às atividades com toda força e foco. Espreguiçar, ir ao banheiro, tomar algo e relaxar farão bem e darão um novo ânimo ao cérebro.

"A habilidade de disciplinar a si mesmo para adiar a gratificação de curto prazo para desfrutar de recompensas maiores em longo prazo é o pré-requisito indispensável para o sucesso."

(Brian Tracy)

5 – Domine possíveis interrupções e seja responsável por suas atividades. Se você está concentrado e receber um e-mail, recado impresso, mensagem etc., coloque a parte e resolva depois, melhor ainda é verificar e-mails uma ou duas vezes por dia no máximo, pela manhã e a noite de preferência.

Outra dica: arquive, apague ou responda-os logo no primeiro acesso, ler mais de uma vez é desperdício de tempo e energia. Eu faço desta forma e é incrível o que se ganha de tempo com isso.

6 – Foque no "prêmio" que espera você. Mentalize que quando terminar a tarefa algo bom estará à sua espera, isso lhe dará uma motivação adicional e energizadora. É bom sempre lembrar o que ganhará realizando. Foque nisso quando vier o pensamento de terminar depois, e se puder, permita-se receber algum prêmio, mesmo que pequeno.

Outros pontos importantes:

Após alguns dias procurando sua casa, o natural é estar exausto e com vontade de fechar logo a compra. É nesse momento que você perceberá a diferença. Você estará apto para ter "sangue frio" e levar adiante o que planejou.

Apenas utilize sua "lupa de busca" pois a esta altura, você já sabe o que quer. Se não sabe ainda com muita clareza, refaça seu trabalho até que seja transparente e qualquer um entenda o que você deseja.

Pratique os passos já indicados. Separe um tempo para meditar sobre o assunto. Comece praticando a técnica conhecida como "Mindfulness". Reserve um tempo e espaço em sua mente para avaliar com tranquilidade todo o processo. Recomenda-se pelo menos 15 minutos por dia.

Toda vez que um pensamento, imagem ou som entrar em sua mente, procure visualizar a si mesmo liberando esse pensamento e mantendo sua mente o mais vazia possível. Fazendo isso regularmente, você aumentará sua habilidade de se desprender de distrações e manter a mente clara, mesmo em situações de estresse.

Faça exercícios físicos e busque nutrir-se bem. Exercícios podem aumentar muito seu rendimento em vários aspectos da vida desde que sejam regulares. Fora os tradicionais, existe um que gosto muito e se chama "superbrain" para foco.

Sobre nutrição vale um parêntese. Eu mudei meu estilo de vida e hoje sei o que uma procura inteligente poderá trazer de benefícios para a saúde e indico que você se informe mais sobre alimentação, detox e suplementação.

Os alimentos de hoje não têm mais os nutrientes de que necessitamos pois nossas terras estão pobres e contaminadas. Uma quantidade de suplementos são obrigatórios em nosso dia a dia para que possamos envelhecer sem doenças e com uma mente fértil e saudável.

Livre-se da Procrastinação. Obstáculos são aquelas coisas assustadoras que você vê quando desvia o olhar de sua meta.

Quem não define muito bem o que deseja acaba por cair nas graças do mercado e poderá até pagar muito mais por isso e como os prazos normalmente são longos (a menos que você pague a vista) uma dívida futura estará fazendo parte de sua vida.

A procrastinação é um dos maiores vilões para qualquer tipo de compra. Os clientes adiam a organização por falta de foco e a decisão de compra acaba sendo feita pela emoção e medo de um imóvel ser vendido mais rápido do que esperado.

Em muitos casos a simples cogitação a respeito das ofertas existentes para um determinado imóvel pode gerar ansiedade detonando emoções que levam a decisão final da compra antes de estar preparado ou com certeza da negociação e aí já é tarde para arrependimentos.

O mercado quer compradores movidos por impulso e se você não se preparar adequadamente o seu lado consciente e racional ficará a desejar.

Isto ocorre porque quando algo demanda urgência, não pensamos muito, apenas agimos no ato inconsciente de nos resguardarmos de um perigo iminente (no caso, o fato de nunca mais conseguir adquirir determinado imóvel).

Para ativar e levar a isso, o mercado imobiliário usa de palavras e expressões interessantes e motivadoras que demandem uma resposta comportamental instantânea, como:

"Sua última chance neste área.";

"Hoje é o último dia para ser feliz aqui";

"Cliente motivado a vender rápido";

"Imediato" e *"Agora"* e tantos outros chamados que levam a ação do comprador.

Veja no QR Code da página seguinte um guia preparado pela Ok Forever para ajudar aos nossos clientes a manter o foco na procura inteligente de um imóvel. Use um smartphone para escanear e acessar online inteiramente grátis.

Capítulo 9

Passo 3 - Planejamento e plano de ação

Você pode ter motivos lindos e traçar as metas e tarefas precisas, entretanto nada disso terá valia se não começar a botar a mão na massa.

Saber o que irá fazer não adianta nada se não faz o que sabe que deveria fazer, e com isso muitos perdem grandes oportunidades.

O ideal é agir diariamente, ter o hábito de fazer um pouco todos os dias pelo seu imóvel.

Qualquer ação que repetimos com frequência, conscientemente ou não, é um hábito. Nada menos que 40% do nosso dia são tomados pelos hábitos, como mostra uma pesquisa da Universidade Duke, dos Estados Unidos.

É como se voássemos no piloto automático por horas e horas durante nosso dia.

Por isso, qualquer meta que tenha ligada à compra de seu imóvel, projeto ou desafio que escolha tem que ter não somente um plano de ação, mas também uma estratégia para formação ou quebra de hábitos.

Então comece imediatamente a criar o ímpeto de agir. Se possível, dê o primeiro passo no momento em que decidiu fazer algo. Lembre-se de que até que você tome uma ação, tudo o que fez não passa de imaginação.

*"A ação afasta a dúvida que a teoria não consegue
eliminar".*

(Tehyi Hsieh)

Agora que está sabendo exatamente o que deseja e ganhou um tempo precioso pois estava focado, precisará colocar os números e detalhes do equilíbrio financeiro e tudo de maneira organizada o levará a grandes resultados. Com esta clareza de objetivos você poderá ir ao mercado procurar de fato as melhores opções.

*"As coisas mais importantes nem sempre são as que gritam
mais alto."*

(Bob Hawke)

Algumas perguntas para responder:

- Quanto dinheiro guardar mensalmente para a compra e manutenção do imóvel?
- Qual carro vai se adaptar ao imóvel?
- Vai mudar de emprego para morar perto?
- Qual estilo de vida vai abandonar e qual vai adotar?
- Que mudanças está disposto a ter para se adaptar a nova localização?

Responder de maneira real a essas perguntas irá poupar alguns milhares de dólares em seu futuro. A única maneira de transformar sua meta de compra em realidade é através da sua ação focada e disciplinada. A maioria das pessoas não planeja fracassar, fracassa por não planejar.

E a principal razão pela qual alguns planos não funcionam é porque eles nos distraem do que realmente é importante: a ação diária, constante e consistente.

Planejar é prever o que irá acontecer antes que ocorram, então mãos na massa!

Dicas Importantes:

1. Organize seu tempo. Procure se lembrar que a única coisa que todos temos e que nos iguala a outras pessoas é o tempo de 24 horas e ele será sempre precioso.

Tempo é o intervalo necessário para realizar as tarefas para que você se sinta confiante e reenergizado a cada tarefa cumprida e siga rumo ao sucesso.

2. Entenda sua energia e tire proveito. Sua energia é o esforço necessário para cumprir a tarefa. Pouco pensamos nela e você pode inclusive organizá-la para ser ajudado por ela. Organize suas tarefas por necessidade de energia em: "baixa", "média" e "alta" energia.

- **Atividades de Energia Baixa.** Olhar os imóveis que você recebe em seu e-mail é uma tarefa que requer energia baixa, basta um clique, dar uma olhada e pronto.

- **Atividades de Energia Média.** Pesquisar a área, ver escolas, detalhar a procura e ainda procurar saber se o imóvel está no preço certo.

- **Atividades de Energia Alta.** Checar detalhes do imóvel, enviar e-mail ao corretor, marcar visita e ir ao local com os dados previamente organizados.

Normalmente seu tempo e energia estão relacionados, pois quando você está com energia em alta faz rapidamente uma tarefa que, de outra forma, levaria mais tempo. Então, lembre-se que você é responsável por sua energia e nada melhor que o cuidado com seu sono, seu estado físico e nutricional como referido anteriormente.

3. Valorize seu dinheiro - O seu dinheiro é algo que conduz à realização e está diretamente conectado a quanto precisa para realizar aquela ação. Nem todas as ações precisam de dinheiro para serem realizadas, mas lembre que todas as ações têm um custo, que podem ser tanto de energia quanto de tempo. Valorize para que possa avaliar o quanto vale a pena suas atividades e isso vale para tudo na vida

4. Priorize - É muito importante que você estabeleça quais ações são prioritárias para nortear suas atividades. Preste muito atenção nas ações que são realmente importantes e siga-as diligentemente. Muitas pessoas estão deixando as atividades mais importantes por último em detrimento de atividades mais prazerosas, fáceis de resolver e rápidas. Pense sobre isso e faça suas escolhas.

5. Localização - Dê algumas voltas pelo bairro onde o imóvel que você tanto quer está localizado. Veja se ele tem boas opções de mercado, farmácia, padaria, academia, etc., coisas que poupem o uso do carro para necessidades básicas do dia a dia.

Depois, pesquise os meios de locomoção e a proximidade com o trabalho dos membros da família. Quanto tempo vai demorar para ir e vir dos seus locais de costume? A região possui muito trânsito? Tem metrô? Ponto de ônibus próximo?

Todas estas perguntas são essenciais na hora de analisar a localização de um imóvel.

Visite o imóvel em diferentes turnos e veja a movimentação local, os vizinhos, estacionamento disponível à noite etc. Visualize na prática como será sua vida no local.

6. Estado de Conservação - Verifique as condições do que é oferecido e faça uma análise de custo mesmo que superficial de alguma reforma aparente. Assim você se sentirá bem mais seguro com a compra.

7. Vida Útil - Considere quanto tempo você pretende viver neste imóvel. Se você é recém-casado ou solteiro, pode até estar considerando comprar um estúdio agora. Lembre-se que o financiamento de um imóvel pode durar vários anos. Assim o ideal é que você consiga vislumbrar uma parte do seu futuro na hora da compra do apartamento ou da casa. Pretende se casar ou ter filhos pelos próximos 10 anos? Então aposte em um espaço um pouco maior, que possua pelo menos um quarto a mais.

8. Posição do apartamento - Para quem mora em cidades muito quentes, esse tópico do checklist é muito importante. Isso porque se o apartamento recebe o sol da tarde, as chances do calor ficar insuportável por um período muito maior do dia são bem grandes. Em geral, os imóveis que recebem o sol da manhã são mais valorizados, então se você tem a possibilidade de adquirir um que se encaixe nessa opção, priorize-o.

9. Segurança - Não só do bairro, mas a segurança do condomínio deve ser bem observada. Ao visitar o imóvel, veja como a portaria funciona e com qual facilidade você consegue acesso à área de moradores. Converse com os vizinhos em potencial e pergunte sobre a violência do bairro e se já houve alguma dentro do próprio condomínio. Faça pesquisa na net sobre acontecimentos na área.

10. Área de lazer - Principalmente se você tem ou pretende ter filhos, a área de lazer do condomínio é importante. Como é muito mais perigoso que as crianças brinquem na rua hoje em dia, é interessante que elas tenham áreas para se divertirem longe dos computadores em casa e também para conviverem com outras crianças. Além disso, pense nas ocasiões em que você pode receber os amigos, como feriados ou aniversários. Nestes casos, a churrasqueira e o salão de festas se tornam muito úteis.

11. Valor das parcelas - Agora que você já analisou os fatores físicos do imóvel, está na hora de considerar os aspectos financeiros. Quando finalmente eleger o seu futuro lar, vá aos principais bancos e faça simulações das parcelas. Se você é correntista de um banco há muito tempo e possui uma boa linha de crédito, pode ser que o seu gerente consiga condições especiais de financiamento.

12. Condomínio - Muitos condomínios têm restrições a muitas situações e um filtro muito grande de futuros moradores o que poderá inviabilizar inclusive alugar seu imóvel no futuro, uma realidade muito presente atualmente. Além de considerar se as parcelas do imóvel caberão no seu orçamento a longo prazo, é imprescindível levar em conta o valor do condomínio, que quanto mais antigo mais caro será. Some a parcela do financiamento ao valor mensal do condomínio e veja se o resultado não comprometerá sua qualidade de vida.

Conclusão

Agora que você já acompanhou a sequência de passos importantes a serem seguidos para ter sucesso na aquisição de seu imóvel com várias dicas práticas e seguras, vale salientar que as ações direcionadas é que irão determinar a velocidade e qualidade do melhor negócio para você.

Conceitos usados para aquisição de imóveis e que são extremamente úteis em qualquer área da vida humana como: Visão clara e objetiva, foco e disciplina, aliados a um bom planejamento e ações monitoradas e seguidas com determinação, são a fórmula que você precisa hoje para garantir seu amanhã vitorioso.

Eu em nome da OK Forever agradeço sua leitura atenta e me coloco à sua disposição com toda a minha experiência em guiar pessoas que desejam o melhor para suas vidas, onde o *ganha ganha* é o melhor método para chegarmos onde sonhamos.

Parte IV

Prepare-se financeiramente para Investir em Imóveis

Capítulo 10

Os 10 pilares da educação financeira

por **Rickson Amorim e Paulo Garcia**

Introdução

Quem busca orientação financeira para desenvolver sua capacidade de administrar e aumentar o patrimônio conquistando, ao mesmo tempo, equilíbrio e qualidade em suas escolhas, normalmente depara com o direcionamento de formar reservas financeiras. Em outras palavras: sabe-se que o caminho é gastar menos do que se ganha e investir bem a diferença.

Mas, e quando o dinheiro que ganhamos não dá sequer para chegar ao fim do mês? E quando se consegue investir, mas as escolhas são ruins e a inflação "come", literalmente, as reservas financeiras? E quando não temos acesso a boas alternativas de investimento? As orientações dos especialistas valem para todas as pessoas?

É óbvio que não!

Cada pessoa tem uma situação financeira própria: algumas muito distantes do equilíbrio desejado, outras nem tanto. Para receber orientações e absorvê-las da maneira adequada é importante entender sua situação atual e filtrar as orientações, aproveitando as que servem para o cenário presente e entendendo as demais para aplicá-las em um momento mais oportuno.

Eu resolvi dividir a evolução na educação financeira em dez patamares progressivos. Quando se identifica o estágio em que uma pessoa está, sua estratégia pessoal deve ser no sentido de evoluir para o seguinte e seguir assim, passo a passo, até alcançar a situação de equilíbrio financeiro pleno. Assim, dez etapas poderão ser seguidas até que se alcance total liberdade e independência financeira. Veja aqui quais são elas:

1. Negocie Dívidas.

É o ponto de partida para todos que se encontram com endividamento além da conta. Quando as dívidas fogem ao controle, é preciso encarar o problema com entusiasmo e energia agindo rápido para que os juros parem de alimentar o saldo devedor. Então, mãos à obra:

• Faça uma relação de todos os credores;

• Identifique o valor total devido;

Dependendo do seu momento e nível de endividamento considere fazer um levantamento de quais bens podem ser vendidos assim como de quais contas podem ser cortadas.

Busque alternativas de receita como ganho com horas extras de trabalho e serviços avulsos.

Nessa fase, todo sacrifício é válido, mas o ideal é que seja concentrado no menor prazo possível. Use sua estimativa de recursos disponíveis para negociar com credores e priorize as dívidas que crescem mais rapidamente em caso de atraso.

Se esse é o seu caso ou conhece alguém em uma situação semelhante, nos próximos capítulos abordaremos com mais detalhes os caminhos e as ferramentas que podem ajudar a tornar a passagem por essa etapa mais eficaz.

2. Elimine dívidas não planejadas

Dívidas não planejadas são aquele "socorros financeiros" aos quais recorremos quando alguma coisa não saiu como previsto. Como sabemos, vivemos em um mundo rodeado de meios para facilitar e encurtar os caminhos para resolver nossos problemas e usamos cada vez menos o dinheiro em papel em detrimento do "dinheiro de plástico" ou não se usa dinheiro algum, pois alguns pagamentos são feitos através de aplicativos ou automaticamente nos bancos. Por essa razão não há possibilidade de discutir planejamento financeiro sem tocar no assunto cartão de crédito.

É comum encontrarmos diversos especialistas tratarem o cartão de crédito como um vilão da gestão financeira das pessoas e empresas; outros acreditam que ele funciona como um grande aliado na gestão dos gastos dependendo do uso que se dá ao crédito.

Independente de qual corrente de pensamento você se apoie é inegável que "o cartão de crédito é o dinheiro do mundo moderno pois representa uma série de facilidades, como não precisar carregar dinheiro no bolso ou até pela simplicidade para fazer seus pagamentos".

Ao fazer seus gastos em cartão de crédito, procure pagar a fatura na íntegra, pois os juros são elevados quando se paga apenas a modalidade "rotativo", onerando ainda mais a fatura do próximo mês. Isso é imprescindível para que o cartão de crédito não seja o seu principal motivador de perda de sono em dívidas e se torne um aliado em momentos em que precisa de um crédito para um bem de grande necessidade ou mesmo parcelar uma compra de maior valor e que não há outro meio de pagamento.

3. Fortaleça seu crédito

Devedores têm uma imagem ruim no mercado de crédito e por isso sempre pagam juros mais altos quando lhe concedem crédito. Se você nunca teve problemas com dinheiro, é importante que você faça o mercado reconhecer isso. Adote práticas que forcem o sistema financeiro a baixar os juros cobrados de você. Por exemplo: jamais pague um centavo a menos do que o valor total da fatura do cartão de crédito, valorize a pontualidade ao honrar dívidas e tenha um contato mais frequente com seu gerente de banco. Converse sobre sua saúde financeira, principalmente se ela for boa. Bancos precisam de clientes saudáveis e tentam seduzi-los para que aumentem o volume de negócios.

4. Tenha uma reserva para emergências.

Se você ainda não conta com uma reserva de emergência esqueça a aposentadoria, casa própria ou a formação de poupança para qualquer outro sonho de longo ou médio prazos. Seus planos tendem a não funcionar se diante de um imprevisto você tiver que sacar recursos que vinham sendo poupados para realizar sonhos.

A reserva de emergência é uma poupança específica para lidar com imprevistos, como problemas de saúde ou presentes não planejados, sem ter que comprometer o planejamento de metas importantes na vida.

A média mais indicada por especialistas é que tenhamos uma reserva equivalente a, pelo menos, três meses de nosso gasto mensal, ou seis meses, dependendo do seu momento de vida.

A reserva mantém a estabilidade do lar enquanto o "furacão está passando". Essa é uma decisão que deve ser tomada o quanto antes e, por essa razão, vale assumir alguns meses de cortes de gastos dispensáveis ou descobrir dentro do seu orçamento, possibilidades de encontrar dinheiro escondido de você mesmo em seu próprio orçamento.

5. Celebre a vida.

Qualidade de consumo é gastar seu dinheiro com o que mais contribui para sua felicidade. É importante garantir verbas para nosso bem estar e qualidade de vida, que é uma das coisas que nos proporcionam momentos felizes incentivando o caminhar. Se os próximos passos forem dados sem cuidar desta etapa, infelizmente dizemos que por mais organizado que esteja seu plano, ele vai ser abandonado no meio do caminho por falta de combustível. A motivação é o combustível a que me refiro.

É preciso saber fazer escolhas de consumo para que aquilo que você quer nunca fique em segundo plano em razão de compromissos que você tem para pagar. Muitas vezes a ideia de conhecer um pouco mais sobre educação financeira, faz com que muitas pessoas acreditem que se trata apenas de orientar as pessoas a gastar menos. Nós mesmos já nos deparamos com esse tipo de pensamento.

No entanto, se trata disso e mais um pouco: " precisamos economizar dinheiro em assuntos supérfluos que pouco tem haver com nossos objetivos futuro, e criar um orçamento para ter uma quantia disponível para fazer coisas que realmente são importantes para nós".

Festeje uma conquista, celebre uma data comemorativa importante. São essas recompensas ao longo do caminho que também impulsionam e estimulam nossa vontade para seguir.

Entre em contato conosco para lhe ajudarmos a fazer um funil financeiro e dar início em sua liberdade financeira. Os nossos atendimentos são gratuitos.

6. Garanta sua aposentadoria.

Não conheço ninguém que tenha planos de trabalhar arduamente até o último dia de vida. E você? Sabe de alguém?

Mesmo que a pessoa goste do que faz, é interessante pensar em diminuir o ritmo de trabalho a uma certa altura, para não sobrecarregar a saúde e também para aproveitar outras experiências e paisagens na vida.

Por isso, poupe uma parte do que você ganha, pague a si mesmo primeiro! Se você não tem pressa para se aposentar, cerca de 10% da renda ou um pouco menos serão suficientes para uma aposentadoria digna.

Acredite, isso é possível!

Se por outro lado você vive num ritmo estressante no trabalho, convém poupar uma parte maior da renda para que tenha, ao menos, maior segurança para mudar os rumos da carreira em breve.

Contratar um plano de previdência privada é uma boa escolha para começar, mas você pode melhorar bastante o desempenho de sua aposentadoria se seguir as etapas 8 e 9 deste e-book.

7. Realize objetivos de curto e médio prazo

Se você tem grandes sonhos a concretizar na vida, pare de sonhar e comece a construí-los. Isso se faz transformando o sonho em meta, ou seja, estimando o prazo e o valor necessários para que ele aconteça para então dar início a um processo de disciplina e perseverança.

Se objetivos futuros são realmente importantes para você, deveriam merecer a mesma importância que compromissos a pagar no presente. Afinal, cada sonho realizado nos motiva a continuar perseguindo os que ainda não aconteceram. Uma vida sem sonhos é uma vida pobre. Mude a ordem de suas escolhas! Coloque sonhos para acontecer, mesmo que tenha que mudar significativamente seu estilo de vida.

Detalhe importante: saiba priorizar seus planos. Sonhos de curto e médio prazos só devem ser construídos por quem já tem uma reserva de emergência constituída, e em complemento a um plano para a aposentadoria.

Existem profissionais qualificados para ajudar Brasileiros residentes nos EUA a organizar suas finanças e ajudar pessoas que, mesmo sem conhecer com profundidade todos os conceitos discutidos aqui, estão, dia a dia se aproximando de seus objetivos. Passo a passo, dos objetivos de curto ou longo prazo. Aqui cabe uma frase para ilustrar esse conceito de uma maneira mais direta: "Antes tarde do que mais tarde".

8. Estude sobre investimentos

Ao longo de vários anos, pequenas diferenças de rentabilidade se traduzem em algumas dezenas, talvez centenas de milhares de Reais no seu patrimônio futuro. Não se acomode caso tenha a sensação de que seu dinheiro está bem investido!

Adote como hábito, ao menos uma vez ao ano, pesquisar produtos concorrentes aos que você investe para avaliar se a concorrência tem algo melhor a lhe oferecer. A Internet facilita bastante esse tipo de pesquisa.

Quanto mais se dedicar ao conhecimento sobre investimentos, melhor você investirá e mais renderá o dinheiro poupado com sacrifício. Entre em contato conosco para ter acesso a um evento gratuito de Educação Financeira em sua região.

9. Se possível, faça um investimento seguro para seu futuro.

Enquanto trabalhamos intensamente, também podemos dedicar uma parte de nossos esforços em investimentos seguros à longo prazo, que garantem uma aposentadoria digna e tenha rendimentos saudáveis com relação ao mercado atual. Busque um de nossos profissionais para lhe dar mais informações sobre os Planos Indexados, que lhe oferecem boas margens de ganho quando o mercado estiver em alta e te protege de perdas quando o mercado estiver em baixa.

Quanto mais você estudar, frequentar eventos e ler sobre o assunto mais entenderá e mais se antecipará para aproveitar oportunidades. Isso tende a acelerar o processo de multiplicação de riquezas em sua vida.

10. Mantenha sua disciplina e dissemine o conhecimento adquirido.

Caso você siga os passos anteriormente tratados com planejamento, isso significará um pequeno aumento na renda perpétua da família e na sua disciplina, possibilitando que alcance uma situação confortável enquanto você continuar trabalhando. É muito, extremamente gratificante a oportunidade de contar com patrimônio suficiente para garantir rendimentos que custeiam seus hábitos de consumo.

Dez etapas para construir riqueza em sua vida, com um resumo das respectivas recomendações para que quando isso acontecer, você terá alcançado a chamada independência financeira. Não significa que será hora de necessariamente parar de trabalhar, mas que você terá uma situação muito interessante!

É muito positivo que você tenha sucesso ao escalar seu projeto! liberdade para decidir como tocar a vida, seja desfrutando plenamente ou trabalhando naquilo que ama fazer. Nessa situação, o dinheiro ganho com o salário não tem mais utilidade para pagar contas, já que o rendimento do patrimônio assume esse papel.

Na independência financeira, cada dia de trabalho remunerado significará um aumento no patrimônio. Por sua vez, esse aumento garantirá maior rendimento, o que lhe dará uma estabilidade maior e maior qualidade de vida, que será desfrutada com a família no longo prazo.

Comece a fazer a diferença no seu dia a dia financeiro!

By **Consultores Financeiros**
Rickson Amorim & Paulo Garcia

www.liberdadefinaceira-usa.com

Contatos:

Rickson Amorim: (310) 600.9495

E-mail: rickson@financialeducationfl.com

Paulo Garcia: (310) 629.1708

E-mail: paulonetwork@gmail.com

https://www.facebook.com/financialeducationflorida

Consultor de Marketing online

Kleber Almeida (754) 302.6031

Parte V

O Aspecto Fiscal e o Investimento em Imóveis

Capítulo 11

Questões fiscais a considerar

por **Odijas Caminha**

Comprar propriedade nos Estados Unidos pode parecer mais fácil do que em muitos outros países. Os mercados imobiliários estão abertos e geralmente não há proibição de investimento estrangeiro em imóveis (pessoais ou corporativos). Mas tenha cuidado, os mercados imobiliários podem ser complicados, dependendo de onde a propriedade está localizada.

Cada estado tem suas próprias regras e regulamentos para transferência de propriedade - isso significa 50 conjuntos de regras diferentes! Vale a pena estar bem informado. As implicações fiscais são muitas vezes ignoradas no processo de compra, mas certamente devem ser avaliadas. Segue algumas dicas para ajudá-lo no inicio desse processo:

De acordo com os resultados do Censo, 70% das casas nos EUA são hipotecadas. As hipotecas também são uma grande parte do setor bancário. Vai ter uma grande quantidade de documentação para obter uma hipoteca de um banco, mas as taxas de hipoteca são baixas e os juros pagos sobre o empréstimo são dedutíveis nos impostos.

Há benefícios adicionais para hipotecar propriedades com um banco: a maioria dos bancos exige a transferência adequada do título; seguro de propriedade; e contas de custódia que pagam impostos sobre a propriedade e seguros. Isso economiza o incômodo de lidar com eles individualmente. Além disso, seu provedor de hipoteca fornecerá uma declaração anual para fins fiscais detalhando todos os aspectos de suas transações.

O sistema de impostos é separado para impostos sobre a propriedade. Em muitos estados, você pagará impostos mais altos se você não for residente permanente, então fique atento a sua taxa de imposto como não residente. Não assuma que os impostos pagos pelo vendedor serão os mesmos que os seus. Se a propriedade for uma propriedade de aluguel - o imposto reduzirá seu lucro tributável na propriedade para fins fiscais.

Os estrangeiros não residentes são tributados sobre a renda de investimento e ou renda comercial (Seção 871); então, dependendo da finalidade de sua compra, se a propriedade não houver nenhuma renda, você pode não ser obrigado a incluir essa propriedade na sua declaração de imposto de renda. Se você planeja alugar, você será permitido que todas as deduções e perdas da atividade sejam deduzidas no seu imposto de renda.

Uma empresa estrangeira que gere renda de investimento nos Estados Unidos, conduz um comércio ou empresa nos Estados Unidos deve apresentar uma declaração de imposto.

As regras que regem a tributação americana da renda de uma empresa estrangeira são paralelas às dos estrangeiros não residentes; mas tenha em mente que, além do imposto regular, as empresas estrangeiras também estão sujeitas ao imposto mínimo alternativo, ao imposto sobre lucros acumulados e ao imposto sobre sociedades de participação pessoal.

A principal vantagem de usar uma corporação é a proteção de responsabilidade, o que é importante em um país que possui mais de 90% dos advogados do mundo.

Então se você está planejando comprar uma casa nos Estados Unidos, esta questão realmente afeta seus impostos. Lembre-se, as regras de residência são diferentes para pagar impostos do que para qualquer outra finalidade. Os Estados Unidos têm uma pergunta em duas frentes que determina a residência - um teste de presença física e um teste de residência legal. Se você passar - você é um residente dos EUA para fins fiscais.

O teste de presença física pode complicar-se, mas se resume aos dias que você gastou em solo americano. Se você permanecer nos Estados Unidos por 31 ou mais dias durante o ano civil atual e um total de 183 ou mais dias durante a vigência e os dois anos de impostos anteriores, você tem presença. (Aqueles 183 dias são calculados numa base ponderada.

Cada dia no ano em curso é ponderado, cada dia no primeiro ano anterior é ponderado em um terço e cada dia no segundo ano anterior é ponderado em um sexto.)

Ter presença nos EUA significa que você não será elegível para deduções fiscais e exclusões concedidas aos que tenham uma residência principal no exterior. Essas deduções e exclusões são fundamentais para reduzir os impostos dos EUA para os expatriados que procuram evitar a dupla tributação (sendo tributados sobre o rendimento em seu país de origem e de acolhimento).

Então, se você pretende residir principalmente no exterior, é importante calcular cuidadosamente o número de dias que você gastou nos EUA para proteger esses créditos tributários.

Como os Bancos avaliam e usam sua renda para determinar se você se qualifica para um empréstimo?

Bancos e credores usam receita bruta, não renda tributável, para decidir se você se qualifica para uma hipoteca ou outro empréstimo. O rendimento bruto é o seu lucro antes de impostos. Sua renda tributável não pode ser determinada até que você prepare sua declaração de imposto federal anual, porque você pode deduzir uma série de despesas e isenções pessoais que reduzem sua receita regular tributável. A renda tributável raramente reflete sua renda bruta atual.

Renda Bruta

Os bancos usam apenas sua renda bruta regular para qualificar você para um empréstimo. Eles não usam o pagamento de horas extras ocasionais ou um bônus anual potencial, a menos que você possa convencer seu oficial de empréstimo de que você receberá um ou ambos em uma base consistente no futuro.

A maioria dos bancos solicita, pelo menos, seus últimos dois comprovantes de pagamento, que também devem mostrar seus ganhos no acumulado do ano, para estabelecer sua quantidade de renda bruta regular.

Salário bruto ajustado (AGI)

Sua renda bruta ajustada, ou AGI, também é calculada em sua declaração de imposto anual. Esse valor pode ou não se aproximar da sua receita bruta regular, dependendo da sua elegibilidade para algumas deduções, como despesas de mudança qualificadas.

Rendimentos tributáveis

Sua renda tributável depende de vários fatores. Esse valor é calculado apenas uma vez por ano, em sua declaração de imposto federal. Porque esta é uma figura histórica e porque o Congresso muitas vezes muda as regras fiscais, sua renda tributável não é um preditor confiável de sua capacidade de reembolsar uma hipoteca ou empréstimo. Os bancos entendem que você ou seu contador usam todos os meios legais para reduzir sua renda tributável.

Pessoas autônomas (1099)

Os mutuários autônomos, a menos que sejam empregados assalariados de sua própria corporação, enviem declarações fiscais de dois anos, juntamente com um demonstrativo de ganhos e perdas atuais para sua empresa, para chegar a um valor de renda bruta. Por exemplo, um único proprietário pode mostrar lucro de $ 48,000 em cada um dos últimos dois anos.

Uma demonstração de resultados pode indicar que a empresa deve ter ganhos semelhantes no ano atual. Para fins de qualificação, o oficial de empréstimo pode assumir que sua receita bruta é de US $ 4.000 por mês.

Beneficiar

Você faz tudo legalmente possível para reduzir sua renda bruta ao seu nível tributável. Ao considerar seu lucro bruto regular antes da retenção de imposto, os bancos oferecem o benefício de usar um valor de renda muito maior para qualificá-lo para empréstimos e hipotecas. O banco também se beneficia, pois, sua receita bruta é facilmente verificável e indica seu poder de ganhos para reembolsar empréstimos.

O que é FIRPTA?

Em 18 de junho de 1980, os vendedores estrangeiros ficaram sujeitos ao imposto sobre os ganhos de capital nas transações de imóveis. Os requisitos de retenção da FIRPTA entraram em vigor após 31 de dezembro de 1984 como uma ferramenta para garantir o pagamento ao Departamento do Tesouro quando um vendedor estrangeiro transfere um bem imobiliário nos Estados Unidos.

A Regra para Retenção

A Seção 1445 do Código da Receita Federal (o "Código") geralmente requer ao comprador reter 15% do valor total da venda, quando o vendedor do imóvel é uma pessoa estrangeira.

Uma pessoa estrangeira é uma pessoa não residente nos Estados Unidos. Em geral, não inclui um estrangeiro residente se esse estrangeiro residente estiver sujeito ao imposto de renda dos Estados Unidos como um residente dos Estados Unidos (se eles pagarem o imposto de renda dos Estados Unidos sobre a renda mundial).

FIRPTA, surpreendentemente, também pode afetar um cidadão dos Estados Unidos se o indivíduo é um expatriado antes de vender seus bens imóveis dos Estados Unidos. Além disso, o montante realizado inclui a soma de dinheiro pago, o valor justo de mercado de qualquer propriedade real transferida e a assunção de qualquer dívida incorrida como contraprestação na transação.

Os quinze por cento do valor realizado não têm correlação com o possível imposto associado à venda do imóvel. Foi estabelecido para garantir que o Tesouro receberá o imposto apropriado devido após a venda do imóvel.

As Exceções

Se um vendedor não for considerado estrangeiro, não há retenção de FIRPTA. O vendedor deve simplesmente assinar um affidavit declarando, sob pena de perjúrio, que o vendedor não é estrangeiro. Por favor, note que um cartão verde por si só pode não ser evidência suficiente para desconsiderar o FIRPTA. Deve ser determinado que, no momento do fechamento, o estrangeiro relata e paga o imposto de renda dos Estados Unidos sobre a renda mundial.

Há uma segunda exceção para uma pessoa estrangeira que vende imóveis por US $ 300.000,00 ou menos. Além do preço de venda igual ou inferior a US $ 300.000,00, o comprador deve assinar uma declaração jurada que o comprador pretende usar o imóvel como residência.

Para se qualificar, o comprador (ou membros da família) deve ter planos definidos para residir na propriedade por pelo menos cinquenta por cento dos dias em que a propriedade é usada por qualquer pessoa durante os dois primeiros períodos de doze meses após a venda.

A exceção final, ou alternativa, é um certificado de retenção. Com base em uma leitura técnica do Código, o montante total de retenção na FIRPTA não pode exceder o passivo fiscal máximo realizado na venda do imóvel.

Se o ganho realizado na venda do imóvel é menor do que a retenção de quinze por cento ou se houver perda na venda do imóvel, um vendedor pode obter um certificado de retenção - Formulário 8288-B do IRS. O IRS geralmente analisa e responde dentro de 120 dias após a submissão do formulário e pode autorizar uma retenção menor que os quinze por cento.

Se o IRS não autorizou o montante mais baixo antes do fechamento, o agente de fechamento deve reter os quinze por cento do valor realizado e, em seguida, enviar o valor menor dentro de vinte dias após receber a autorização do IRS.

A diferença de quinze por cento e o valor mostrado no certificado de retenção podem ser enviados diretamente ao vendedor.

Procedimento e penalidades

Um vendedor estrangeiro deve primeiro fornecer uma prova de conformidade da FIRPTA quando originalmente adquiriram a propriedade. Isso geralmente é evidenciado por um certificado não-estrangeiro quando a propriedade foi comprada. Além dos requisitos da FIRPTA, uma pessoa estrangeira deve apresentar uma declaração de imposto dos Estados Unidos - formulário 1040 do IRS ou formulário 1040NR do IRS.

Se a retenção de quinze por cento for exigida no FIRPTA, os formulários IRS 8288 e 8288-A devem ser submetidos ao IRS no prazo de vinte dias após o encerramento do imóvel. Conforme discutido acima, o agente de fechamento pode enviar o menor valor ao Tesouro se um certificado de retenção for usado e aprovado pelo IRS. Este montante menor deve ser enviado no prazo de vinte dias após a recepção do certificado de retenção devolvido.

Embora esta seja uma retenção imposta ao vendedor e o vendedor é obrigado a denunciar a venda e pagar os impostos adequados, o comprador também é responsável por qualquer não retenção, quando a retenção é necessária. Portanto, o comprador deve garantir que se o vendedor for estrangeiro, o quinquênio é retido ou o certificado de retenção é aprovado. Se isso não for feito, pode haver penalidades civis e criminais impostas de acordo com a lei federal.

Conclusão

Os vendedores estrangeiros e os agentes imobiliários para vendedores estrangeiros precisam ser informados e preparados para FIRPTA antes de listar o imóvel para venda. Além disso, os compradores precisam estar cientes da FIRPTA se o vendedor for estrangeiro. É aconselhável que uma pessoa estrangeira procure conselheiro jurídico e o advogado de um contador público certificado antes

Odijas Caminha é CEO/Presidente da OGC Associates, Master in Accounting and IRS Enrolled Agent com 18 anos de experiência em contabilidade, gerenciamento e administração empresarial.

Website: www.ogcassociates.com

Facebook: odijas.ogc

E-mail: odijas@ogcassociates.com